こども論語《ろんご》と算盤《そろばん》

お金と生き方の大切なことがわかる!

祥伝社

はじめに

この本《ほん》は、渋沢栄一《しぶさわえいいち》さんという人《ひと》がお話《はな》しした内容《ないよう》を、みんなが読《よ》みやすいかたちに直《なお》したものです。

渋沢栄一《しぶさわえいいち》さんというのは、明治《めいじ》、大正《たいしょう》、昭和時代《しょうわじだい》にかけて、500もの会社《かいしゃ》を作《つく》るのにかかわった人《ひと》。それだけではなく、学校《がっこう》とか病《びょう》院《いん》とか、みんなのためになる団体《だんたい》や組織《そしき》を作《つく》るのにも600くらいかかわりました。ノーベル平和賞《へいわしょう》の候補《こうほ》にも2回《かい》なっています。

渋沢栄一《しぶさわえいいち》さんがいなかったら、わたしたちは、今《いま》のように豊《ゆた》かな生活《せいかつ》が、おそらくできなかったでしょう。

こんなすごい活躍《かつやく》をした渋沢栄一《しぶさわえいいち》さんが、いつもいっていたのが「論語《ろんご》とそろばん」という言葉《ことば》なのです。

『論語《ろんご》』というのは、中国《ちゅうごく》の昔《むかし》の本《ほん》だけれど、その中《なか》には「どうしたらりっぱな人間《にんげん》になれるか」が書《か》いてあります。

もうひとつの「そろばん」というのは、昔《むかし》の電卓《でんたく》とか計算機《けいさんき》のこ

と。栄一《えいいち》さんは、商売《しょうばい》の意味《いみ》でこの「そろばん」という言葉《ことば》を使《つか》っています。

でも、なんで昔《むかし》の中国《ちゅうごく》の本《ほん》である『論語《ろんご》』と、「そろばん」という昔《むかし》の電卓《でんたく》が一緒《いっしょ》になるのでしょう。理由《りゆう》はこうです。

商売《しょうばい》って、自分《じぶん》がお金持《かねも》ちになりたいって思《おも》ってやるもの。このときとても大切《たいせつ》なのが、お金《かね》の計算《けいさん》、つまり「そろばん」。

ただ、それだけだと商売《しょうばい》ってうまくいかなくなります。なぜなら人《ひと》は「僕《ぼく》はお金持《かねも》ちになりたいんです。だから、僕《ぼく》のお店《みせ》からモノを買《か》ってください」というお店《みせ》や会社《かいしゃ》から、買《か》い物《もの》したいとは思《おも》わないからです。

逆《ぎゃく》に、「みなさんに喜《よろこ》んでもらえるものをそろえました。ぜひ買《か》ってください」というところから買《か》いたいのではないでしょうか。

栄一《えいいち》さんが、思《おも》いやりや世《よ》の中《なか》への貢献《こうけん》という意味《いみ》で使《つか》っているのが「論語《ろんご》」という言葉《ことば》なのです。

これから大人《おとな》になって、どんどん世《よ》の中《なか》で活躍《かつやく》するために必要《ひつよう》なことを、この本《ほん》で学《まな》んでもらえると、とてもうれしいです。

こども論語と算盤

もくじ

はじめに 2

この本《ほん》の読《よ》み方《かた》 8

コラム1 『論語《ろんご》と算盤《そろばん》』ってどんな本《ほん》？ 10

第1章

お金《かね》の話《はなし》ってしないほうがいいの？

お金《かね》・立身出世《りっしんしゅっせ》編《へん》

お金持《かねも》ちになりたい！ どうしたらいい？ 12

「国《くに》を強《つよ》くする」には、どうしたらいいの？ 14

お金《かね》のコワイところって？ 16

お金《かね》を使《つか》うのはよくないこと？ 18

成功者《せいこうしゃ》ってどんな人《ひと》？　20
お金《かね》もうけは悪《わる》いこと？　22
コラム2　渋沢栄一《しぶさわえいいち》さんってどんな人《ひと》？　24

第2章 生《い》きていくのって大変《たいへん》？

処世術《しょせいじゅつ》・道徳《どうとく》編《へん》

将来《しょうらい》、活躍《かつやく》する人《ひと》になるには？　26
争《あらそ》いごとってよくないこと？　28
何《なに》かを決《き》めるときに大切《たいせつ》なことって？　30
悪《わる》い人《ひと》をいい人《ひと》に変《か》えることはできないの？　32
僕《ぼく》らが人間《にんげん》に生《う》まれてきた意味《いみ》って？　34
困《こま》ったときに大切《たいせつ》なことって？　36
コラム3　『論語《ろんご》』ってどんな本《ほん》？　38

第3章

勉強《べんきょう》はなぜしなくちゃいけないの？

目標《もくひょう》・勉強《べんきょう》編《へん》

勉強《べんきょう》って退屈《たいくつ》じゃない？　40

志《こころざし》の決《き》め方《かた》って？　42

ものごとを成功《せいこう》させるコツって？　44

大人《おとな》になって活躍《かつやく》するためにどんな力《ちから》が必要《ひつよう》？　46

一番《いちばん》にならないと意味《いみ》がないの？　48

がんばっても結果《けっか》が出《で》ないと意味《いみ》がないの？　50

コラム4　世界《せかい》でも評価《ひょうか》された栄一《えいいち》さん　52

第4章

つらいときにはどこに気《き》をつけたらいい？

運《うん》・逆境《ぎゃっきょう》編《へん》

解決《かいけつ》できない問題《もんだい》があるんだけど… 54
調子《ちょうし》に乗《の》って失敗《しっぱい》しちゃった… 56
チャンスがめぐってこない… 58
誰《だれ》からも嫌《きら》われたくない… 60
新《あたら》しいことをはじめるのが不安《ふあん》… 62
積極的《せっきょくてき》な友《とも》だちがうらやましい… 64
コラム5 読《よ》んでみよう！『論語《ろんご》と算盤《そろばん》』 66
おわりに 69

この本《ほん》の読《よ》み方《かた》

この本《ほん》をじょうずに読《よ》み、100%《ぱーせんと》理解《りかい》する方法《ほうほう》を解説《かいせつ》しているよ。

栄一《えいいち》さんが『論語《ろんご》と算盤《そろばん》』に書《か》いた言葉《ことば》を、みんなにわかりやすい今《いま》の言葉《ことば》にしているよ。

栄一《えいいち》さんが『論語《ろんご》と算盤《そろばん》』に書《か》いた言葉《ことば》をそのまま載《の》せているよ。音読《おんどく》してみると理解《りかい》が深《ふか》まるよ！

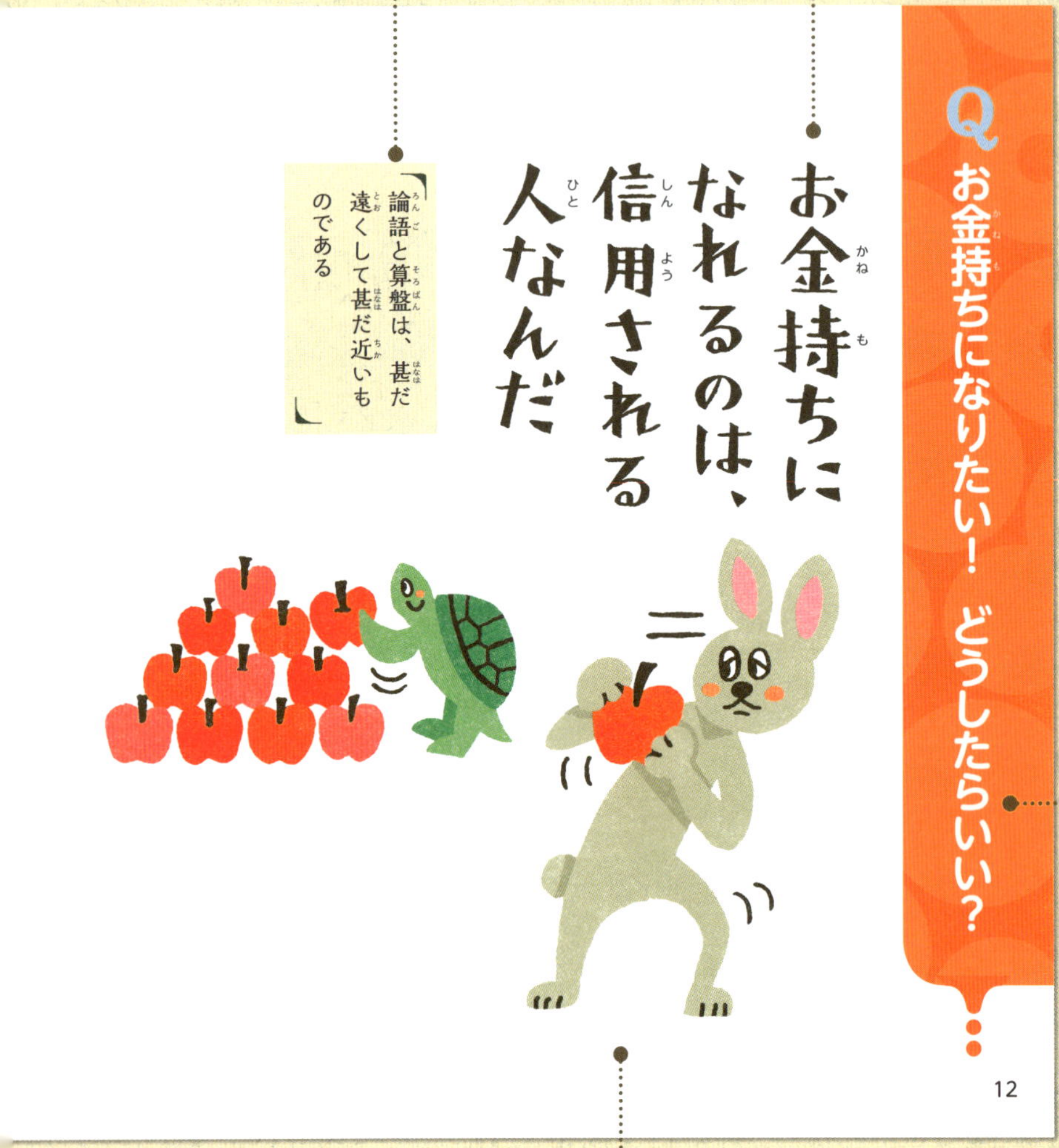

Q お金持《かねも》ちになりたい！ どうしたらいい？
お金《かね》持《も》ちになれるのは、信用《しんよう》される人《ひと》なんだ
「論語《ろんご》と算盤《そろばん》は、甚《はなは》だ遠《とお》くして甚《はなは》だ近《ちか》いものである」
12

日常生活《にちじょうせいかつ》で困《こま》りやすいことや疑問《ぎもん》に思《おも》いやすいことだよ。きみが思《おも》っていることに近《ちか》い項目《こうもく》はあるかな？

栄一《えいいち》さんの言葉《ことば》を楽《たの》しいイラストにしたよ。

下《した》のくわしい解説《かいせつ》を短《みじか》くまとめているよ。覚《おぼ》えておくと、きっと役《やく》に立《た》つよ！

みんなから信頼《しんらい》される人《ひと》になろう！

渋沢栄一《しぶさわえいいち》さんというのは、明治時代《めいじじだい》になってから、500もの会社《かいしゃ》を作《つく》るのにかかわった日本《にほん》のスーパーマン。その中《なか》には、JRとか、みずほ銀行《ぎんこう》とか、王子製紙《おうじせいし》とか、今《いま》でもみんなが知《し》っている大《おお》きな会社《かいしゃ》がたくさんあるんだ。

そんなすごい経験《けいけん》の中《なか》から、栄一《えいいち》さんはお金《かね》をもうけて、お金持《かねも》ちになることについて、こんな法則《ほうそく》を見《み》つけた。

「もしきみたちがお金持《かねも》ちになりたかったら、信用《しんよう》される人《ひと》になることが一番大切《いちばんたいせつ》」

たとえば中古《ちゅうこ》のマンガやゲームを買《か》うときに、このお店信用《みせしんよう》できないな、なんかズルいことしそうだな、というお店《みせ》からは買《か》いたくないよね。逆《ぎゃく》に、この人《ひと》は絶対《ぜったい》ズルいことしないよね、という人《ひと》からは安心《あんしん》して買《か》うことができるよね。お金《かね》もうけをしたければ、遠回《とおまわ》りに見《み》えるかもしれないけど、信用《しんよう》される人《ひと》になることが実《じつ》は一番大切《いちばんたいせつ》なんだ。

13　**第1章　お金の話ってしないほうがいいの？**

栄一《えいいち》さんの言葉《ことば》について、やさしくくわしく解説《かいせつ》しているよ。わからない言葉《ことば》やむずかしいことは、おうちの人《ひと》や先生《せんせい》に聞《き》いてみよう！

※この本の原文は『論語と算盤』（渋沢栄一著　国書刊行会刊）の表記をもとにしています。

コラム1

『論語《ろんご》と算盤《そろばん》』ってどんな本《ほん》？

今《いま》から100年以上前《ねんいじょうまえ》、大正《たいしょう》5(1916) 年《ねん》に出版《しゅっぱん》された本《ほん》だよ。栄一《えいいち》さんを慕《した》って集《あつ》まった人《ひと》たちが作《つく》った組織《そしき》「竜門社《りゅうもんしゃ》」が発行《はっこう》していた本《ほん》「竜門雑誌《りゅうもんざっし》」の中《なか》の栄一《えいいち》さんのお話《はなし》を、梶山彬《かじやまあきら》さんという人が編集《へんしゅう》して発行《はっこう》したんだ。

仕事《しごと》を一所懸命《いっしょけんめい》がんばってお金《かね》持《も》ちになりたいという気持《きも》ちが世《よ》の中《なか》を発展《はってん》させていく。でも、そういう欲望《よくぼう》は、危険《きけん》なものでもある。一部《いちぶ》の人《ひと》が自分《じぶん》たちばっかりお金《かね》をもうけて、他《ほか》の人《ひと》にわけずにひとりじめしようとしてしまうと、社会《しゃかい》が不安定《ふあんてい》になってしまうんだ。国《くに》がどんなに発展《はってん》しても、幸《しあわ》せなのは一部《いちぶ》の人《ひと》だけで、多《おお》くの人《ひと》は貧乏《びんぼう》……そんな社会《しゃかい》はよくないよね。

栄一《えいいち》さんは、なんと今《いま》から100年以上《ねんいじょう》も前《まえ》から、こうした「資本《しほん》主義《しゅぎ》」がもつ問題《もんだい》を見抜《みぬ》いていたんだよ。

お金《かね》もうけの欲望《よくぼう》を暴走《ぼうそう》させないために必要《ひつよう》なこと、栄一《えいいち》さんはそれを『論語《ろんご》』に書《か》かれている道《どう》徳《とく》にもとめたんだ。

とっても古《ふる》いけど、今《いま》でもたくさんの社長《しゃちょう》さんや政治家《せいじか》が参考《さんこう》にしている、すごい本《ほん》なんだよ。

第《だい》1章《しょう》

お金《かね》の話《はなし》ってしないほうがいいの？

お金《かね》・立身出世《りっしんしゅっせ》編《へん》

Q お金《かね》持《も》ちになりたい！　どうしたらいい？

お金《かね》持《も》ちになれるのは、信用《しんよう》される人《ひと》なんだ

「論語《ろんご》と算盤《そろばん》は、甚《はなは》だ遠《とお》くして甚《はなは》だ近《ちか》いものである」

みんなから信頼《しんらい》される人《ひと》になろう！

渋沢栄一《しぶさわえいいち》さんというのは、明治時代《めいじじだい》になってから、500もの会社《かいしゃ》を作《つく》るのにかかわった日本《にほん》のスーパーマン。その中《なか》には、JRとか、みずほ銀行《ぎんこう》とか、王子製紙《おうじせいし》とか、今《いま》でもみんなが知《し》っている大《おお》きな会社《かいしゃ》がたくさんあるんだ。

そんなすごい経験《けいけん》の中《なか》から、栄一《えいいち》さんはお金《かね》をもうけて、お金持《かねも》ちになることについて、こんな法則《ほうそく》を見《み》つけた。

「もしきみたちがお金持《かねも》ちになりたかったら、信用《しんよう》される人《ひと》になることが一番大切《いちばんたいせつ》」

たとえば中古《ちゅうこ》のマンガやゲームを買《か》うときに、このお店信用《みせしんよう》できないな、なんかズルいことしそうだな、というお店《みせ》からは買《か》いたくないよね。逆《ぎゃく》に、この人《ひと》は絶対《ぜったい》ズルいことしないよね、という人《ひと》からは安心《あんしん》して買《か》うことができるよね。お金《かね》もうけをしたければ、遠回《とおまわ》りに見《み》えるかもしれないけど、信用《しんよう》される人《ひと》になることが実《じつ》は一番大切《いちばんたいせつ》なんだ。

Q 「国《くに》を強《つよ》くする」には、どうしたらいいの？

みんなが豊《ゆた》かになるから、国《くに》も強《つよ》くなるんだよ

「利《り》を図《はか》るということと、仁義《じんぎ》道徳《どうとく》たるの道理《どうり》を重《おも》んずるという事《こと》は、並《なら》び立《た》って相異《そうい》ならん程度《ていど》において始《はじ》めて国家《こっか》は健全《けんぜん》に発達《はったつ》し、個人《こじん》はおのおのそのよろしきを得《え》て富《と》んで行《い》くというものになるのである」

みんなが豊《ゆた》かで
幸《しあわ》せな国《くに》がいいよね
Eiichi Shibusawa

渋沢栄一《しぶさわえいいち》さんは、会社《かいしゃ》を500くらい作《つく》ったけど、それ以《い》外《がい》にも、大学《だいがく》とか病院《びょういん》とか、世《よ》の中《なか》に必要《ひつよう》なものを作《つく》るのにも600くらいかかわっていました。

なぜ、そんなにたくさんの会社《かいしゃ》や学校《がっこう》を作《つく》るためにがんばったのか。それは、まずみんなが豊《ゆた》かになれれば、その結《けっ》果《か》として国《くに》も豊《ゆた》かに強《つよ》くなれると考《かんが》えたからなんだ。いい会社《かいしゃ》や学校《がっこう》、病院《びょういん》は、そのためにたくさん作《つく》ったんだよ。そうすれば税金《ぜいきん》が入《はい》って、国《くに》も豊《ゆた》かになって強《つよ》くなれる。これなら、みんなも国《くに》もどちらも幸《しあわ》せだよね。

これが逆《ぎゃく》だと、ちょっと困《こま》ったことになってしまうんだ。たとえば、国《くに》のほうはとてもお金《かね》があって戦争《せんそう》にも強《つよ》いけど、そこで暮《く》らす人《ひと》はとても貧乏《びんぼう》で、飢《う》え死《じ》にする人《ひと》がたくさんいたとする。そんな国《くに》には誰《だれ》も住《す》みたくないよね。

Q お金《かね》のコワイところって？

お金《かね》の魅力《みりょく》って、人を不《ふ》幸《しあわ》せにもしてしまうんだ

「金銭上《きんせんじょう》の禍《わざわ》いに陥《おちい》らず、ますます道義《どうぎ》と共《とも》に金《きん》銭《せん》の真価《しんか》を利用《りよう》するように勉《つと》められん事《こと》を望《のぞ》むのである」

誠実《せいじつ》に生《い》きていると、
お金《かね》やモノが
味方《みかた》になるよ
Eiichi Shibusawa

お金《かね》とかモノって、人《ひと》をおかしくしてしまうことがあるんだ。

たとえば、どうしてもほしいゲームソフトやマンガがあるけれど、お金《かね》がなくて、ガマンできずに万引《まんび》きしてしまったとするよ。でも、結局《けっきょく》お店《みせ》の人《ひと》につかまって、学校《がっこう》をやめることになってしまった。こうなると、きちんとした仕事《しごと》にもつけなくなって、ますますお金《かね》がなくなって、どんどん自分《じぶん》を不《ふ》幸《しあわ》せにしてしまったりするんだ。

お金《かね》とかモノって、とても魅力《みりょく》があるから、そのぶんとてもコワいところがあるんだ。

でも、そういう悪《わる》いこと、ズルいことをしない人《ひと》って、みんなが信用《しんよう》してくれるので、たくさんお客《きゃく》さんがやってきて、後《あと》ですごくお金持《かねも》ちになれたりするんだ。お金《かね》ってふしぎなことに、ゆっくり待《ま》ったほうが、たくさん集《あつ》まってくるんだ。

Q お金《かね》を使《つか》うのはよくないこと？

お金《かね》って、ためるだけでなく、きちんと使《つか》うことも大切《たいせつ》だよ

「真《しん》に理財《りざい》に長《ちょう》ずる人《ひと》は、よく集《あつ》むると同《どう》時《じ》によく散《さん》ずるようでなくてはならぬ」

お金《かね》をためて
正《ただ》しく使《つか》うと、
みんなが幸《しあわ》せになるよ

お金《かね》って、残念《ざんねん》ながら使《つか》うとなくなっちゃうよね。だから、もったいないので銀行《ぎんこう》とかに貯金《ちょきん》して、一所懸命《いっしょけんめい》ためようとする人《ひと》も少《すく》なくないんだ。

もちろん、お金《かね》をためるのは、とてもいいこと。でも、せっかくためたものを、どう使《つか》うのかも考《かんが》えたほうがいいよね。

ものすごくたくさんお金《かね》をためて、お金持《かねも》ちになったはいいけど、そのまま死《し》んでしまったら、何《なん》のためにお金《かね》をためたのか、わからないからね。

実《じつ》は、お金《かね》をきちんと使《つか》うと、いいこともあるんだ。たとえば、きみたちから何《なに》かを買《か》ってもらったお店《みせ》は、そのぶんもうかるよね。そうすると、そのお店《みせ》の人《ひと》も、そのぶん他《ほか》のお店《みせ》から、モノをたくさん買《か》えるようになって、みんながドンドン元気《げんき》になっていく。みんなが元気《げんき》になると、また自《じ》分《ぶん》もお金《かね》をたくさんもうけられるようになるんだ。

Q 成功者《せいこうしゃ》ってどんな人《ひと》？

人生《じんせい》の成功《せいこう》って何《なん》だろう

「高尚《こうしょう》なる人格《じんかく》をもって正義《せいぎ》正道《せいどう》を行《おこな》い、しかる後《のち》に得《え》たところの富《とみ》、地位《ちい》でなければ、完全《かんぜん》な成功《せいこう》とはいわれないのである」

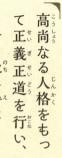

本当《ほんとう》の成功者《せいこうしゃ》は、世《よ》のため人《ひと》のためにがんばった人《ひと》なんだよ

世《よ》の中《なか》には、成功《せいこう》した人《ひと》がいるよね。たくさんお金《かね》もうけした人《ひと》とか、スポーツで記録《きろく》を残《のこ》した人《ひと》とか……。

でも、成功《せいこう》した人《ひと》というのは、実《じつ》は二《ふた》つにわかれるんだ。みんなから「すごいね」「りっぱだね」と、心《こころ》からいってもらえる人《ひと》と、いってもらえない人《ひと》。なぜ成功《せいこう》したのに「すごい」と心《こころ》からいってもらえないのか。「自分《じぶん》のこと」しか考《かんが》えてこなかったからなんだ。たとえば、他《ほか》の人《ひと》をだまして大《おお》もうけした会社《かいしゃ》の人《ひと》とか、チームのために何《なに》もせず自分《じぶん》の記録《きろく》ばかり考《かんが》えていたプロの選手《せんしゅ》とか、そうだよね。

お金《かね》をもうけたとか、記録《きろく》を残《のこ》した、ということからいえば、そういう人《ひと》も成功《せいこう》したといえるかもしれない。でもそれは本当《ほんとう》の成功《せいこう》ではないんだ。なぜなら、他《ほか》の人《ひと》は心《こころ》の中《なか》でそういう人《ひと》をバカにしていたり、けいべつしたりしているから。

本当《ほんとう》は恥《は》ずかしい人《ひと》なんだ、そういう人《ひと》は。

Q お金《かね》もうけは悪《わる》いこと？

孔子《こうし》さまも、お金《かね》は必要《ひつよう》と考《かんが》えていたよ

「道《みち》を得《え》たる富貴功名《ふうきこうみょう》は、孔子《こうし》もまた自《みずか》ら進《すす》んでこれを得《え》んとしていたのである」

Eiichi Shibusawa
みんなを幸《しあわ》せにできるようなお金《かね》をもうけるのは、大切《たいせつ》なことだよ

孔子《こうし》さまというのは、昔《むかし》の中国《ちゅうごく》のとてもりっぱな先生《せんせい》のこと。今《いま》でも日本《にほん》や中国《ちゅうごく》、韓国《かんこく》では、「人《ひと》がりっぱに生《い》きるには、どうすればいいんだろう」と考《かんが》えるときに、孔子《こうし》さまの教《おし》えが出《で》てくるんだ。この本《ほん》のタイトルにある『論語《ろんご》』というのは、孔子《こうし》さまの言葉《ことば》を集《あつ》めた本《ほん》のこと。

その孔子《こうし》さまは、生活《せいかつ》のためのきちんとしたお金《かね》を手《て》に入《い》れるのは悪《わる》いことではない、と考《かんが》えていたんだ。今《いま》でも会社《かいしゃ》できちんと仕事《しごと》をして、そのぶんのお給料《きゅうりょう》をもらうことは、何《なに》も悪《わる》いことではないよね。それと同《おな》じことなんだ。

栄一《えいいち》さんは、それをさらに進《すす》めて、世《よ》の中《なか》の役《やく》に立《た》つことをして、それでお金《かね》をもうけて、自分《じぶん》も世《よ》の中《なか》も幸《しあわ》せにできるのなら、ぜひやるべきだ、と考《かんが》えたんだ。自分《じぶん》も幸《しあわ》せになれるし、他《ほか》の人《ひと》も幸《しあわ》せにできる、そんな人生《じんせい》を送《おく》れたら本当《ほんとう》に幸《しあわ》せだよね。

コラム2

渋沢栄一《しぶさわえいいち》さんってどんな人《ひと》？

栄一《えいいち》さんは、江戸時代《えどじだい》のおわりの天保《てんぽう》11（1840）年《ねん》2月《がつ》13日《にち》に、今の埼玉県深谷市《さいたまけんふかやし》の農家《のうか》に生《う》まれたんだ。

小《ちい》さいころは畑仕事《はたけしごと》などを手伝《てつだ》う一方《いっぽう》、いとこの尾高惇忠《おだかあつただ》さんがやっていた塾《じゅく》で『論語《ろんご》』などを学《まな》んだよ。

27歳《さい》のときに、15代将軍《だいしょうぐん》である徳川慶喜《とくがわよしのぶ》さんの弟《おとうと》・徳川昭武《とくがわあきたけ》さんのお供《とも》になってパリの万国博覧会《ばんこくはくらんかい》などを見学《けんがく》し、ヨーロッパなど先進諸国《せんしんしょこく》の社会《しゃかい》を深《ふか》く知《し》ったんだ。

帰国《きこく》した栄一《えいいち》さんは明治政府《めいじせいふ》に招《まね》かれ、大蔵省《おおくらしょう》（今《いま》の財務省《ざいむしょう》）の一員《いちいん》として、新《あたら》しい国《くに》づくりに深《ふか》くかかわったよ。

明治《めいじ》6（1873）年《ねん》に大蔵省《おおくらしょう》を辞《や》め、第一国立銀行《だいいちこくりつぎんこう》（今《いま》のみずほ銀行《ぎんこう》）の総監役《そうかんやく》に。ここを拠点《きょてん》に、企業《きぎょう》の創設《そうせつ》・育成《いくせい》に力《ちから》を入《い》れていったんだ。生涯《しょうがい》に約《やく》500もの企業《きぎょう》にかかわり、さらに約《やく》600の学校《がっこう》や病院《びょういん》の設立《せつりつ》などにもかかわった。ＪＲ、東京電力《とうきょうでんりょく》、帝国《ていこく》ホテル、明治神宮《めいじじんぐう》、聖路加国際病院《せいるかこくさいびょういん》、サッポロビール……みんな栄一《えいいち》さんがかかわっているんだ。スゴイよね。

第《だい》2章《しょう》

生《い》きていくのって大変《たいへん》？

処世術《しょせいじゅつ》・道徳《どうとく》編《へん》

Q 将来《しょうらい》、活躍《かつやく》する人《ひと》になるには？

自分《じぶん》の得意《とくい》なところと、それを発揮《はっき》できるところを見《み》つけて、がんばろう

「適材《てきざい》の適所《てきしょ》に処《しょ》して、しかしてなんらの成《せい》績《せき》を挙《あ》げることは、これその人《ひと》の国家社会《こっかしゃかい》に貢献《こうけん》する本来《ほんらい》の道《みち》」

得意《とくい》なことを生《い》かしてがんばると、人《ひと》のためになるんだ

Eiichi Shibusawa

みんなは「自分《じぶん》の得意《とくい》なところって、何《なに》？」「他《ほか》の人《ひと》よりすぐれているのは、どんなところ？」と聞《き》かれて、すぐに答《こた》えられるかな。もし、「うーん」と考《かんが》えてしまって、すぐに答《こた》えられない人《ひと》がいたら、せっかくだから、いまちょっと考《かんが》えてみようか。

なぜ考《かんが》える必要《ひつよう》があるのかといえば、人《ひと》って、自分《じぶん》の得意《とくい》なところでしか、世《よ》の中《なか》ではなかなか活躍《かつやく》できないからなんだ。たとえば、頭《あたま》がとてもいいけど、運動《うんどう》がぜんぜんできない子《こ》が、「自分《じぶん》はサッカー選手《せんしゅ》になる」っていっても、とてもむずかしいよね。

逆《ぎゃく》に、自分《じぶん》の得意《とくい》なところをうまく使《つか》って、世《よ》の中《なか》で活躍《かつやく》できると、そのぶん世《よ》の中《なか》が元気《げんき》になって、みんなも幸《しあわ》せになれるんだ。サッカーが得意《とくい》な子《こ》が、サッカー選手《せんしゅ》になって、ワールドカップで勝《か》てばみんなでもり上《あ》がれるよね。得意《とくい》なところでがんばるからこそ、こうなれるんだ。

Q 争《あらそ》いごとってよくないこと？

争《あらそ》いごとは、少《すこ》しはあったほうがいい

「争《あらそ》いは決《けっ》して絶対《ぜったい》に排斥《はいせき》すべきものでなく、処世《しょせい》の上《うえ》にも甚《はなは》だ必要《ひつよう》のものであろうかと信《しん》ずるのである」

争《あらそ》いごとには、人《ひと》を成長《せいちょう》させるいい面《めん》もあるんだ

仲《なか》のよかった友《とも》だちと、ひとつしかないおもちゃとか、ゲームを取《と》り合《あ》って、ギクシャクしたり、ケンカしてしまったりしたことってないかな。二人《ふたり》でわけるのがむずかしいものって、取《と》り合《あ》いになってしまったりするよね。

実《じつ》は世《よ》の中《なか》には、これと同《おな》じことが多《おお》いんだ。たとえば、ある会社《かいしゃ》で売《う》っているお菓子《かし》が売《う》れると、ライバルの会《かい》社《しゃ》が売《う》っている同《おな》じようなお菓子《かし》が、そのぶん売《う》れなくなってしまったりする。

こういう争《あらそ》いごとって、あんまりたくさんあると、世《よ》の中《なか》ギスギスしてしまうので、よくないんだ。でも、いい面《めん》もあるよ。それはお互《たが》いに「負《ま》けないようにしなきゃ」と思《おも》ってがんばって、どんどん成長《せいちょう》できること。逆《ぎゃく》に、こういう争《あらそ》いごとがないと、人間《にんげん》ってあまり努力《どりょく》しなくなったりするんだ。争《あらそ》いごとって、ほどほどにあるのが大事《だいじ》なんだね。

Q 何《なに》かを決《き》めるときに大切《たいせつ》なことって？

何《なに》かを決《き》めるのに重要《じゅうよう》なのは「知識《ちしき》」「気持《きも》ち」「やる気《き》」だよ

「「智《ち》、情《じょう》、意《い》」の三者《さんしゃ》が各々《おのおの》権衡《けんこう》を保《たも》ち、平等《びょうどう》に発達《はったつ》したものが完全《かんぜん》の常識《じょうしき》だろうと考《かんが》える」

そのことについて、三《みっ》つの方向《ほうこう》から考《かんが》えてみよう

どこかの塾《じゅく》にいくことになって、それを自分《じぶん》で選《えら》ぶことになったと考《かんが》えてみよう。

そのためにまず必要《ひつよう》なのは、「知識《ちしき》」。「この塾《じゅく》は評判《ひょうばん》いいんだよね」「いい先生《せんせい》がいるんだよね」っていう知識《ちしき》があれば、塾《じゅく》を選《えら》ぶのにとても参考《さんこう》になるよね。

もうひとつ重要《じゅうよう》なのは「気持《きも》ち」。じっさいに塾《じゅく》にいってみて、「なんかジメジメして、クライ感《かん》じがしてイヤだな」と感《かん》じたけど、とりあえず通《かよ》ってみたとする。でも、やっぱり気分《きぶん》がおちこんでしまったら、通《かよ》い続《つづ》けにくいよね。

さいごに「やる気《き》」。当《あ》たり前《まえ》だけど「塾《じゅく》にいって、がんばって勉強《べんきょう》しよう」という気持《きも》ちがないと、いくら塾《じゅく》を選《えら》んでも、やっぱりイヤになってやめてしまうことがおこるよね。

何《なに》かを決《き》めるときには、「知識《ちしき》」「気持《きも》ち」「やる気《き》」という三《みっ》つの方向《ほうこう》から、本当《ほんとう》にそれで大丈夫《だいじょうぶ》かを考《かんが》えてみよう。

Q 悪《わる》い人《ひと》をいい人《ひと》に変《か》えることはできないの？

悪《わる》い人《ひと》でも、導《みちび》いていい人《ひと》にできる

「悪人《あくにん》を悪人《あくにん》として憎《にく》まず、できるものならその人《ひと》を善《ぜん》に導《みちび》いてやりたい」

悪《わる》い人《ひと》を導《みちび》く
先生《せんせい》のような
存在《そんざい》になろう
Eiichi Shibusawa

世《よ》の中《なか》には、悪《わる》いことをする人《ひと》がいるよね。でも、そういう人《ひと》の中《なか》には、「何《なに》がいいことで、何《なに》が悪《わる》いことかよくわかっていなかった人《ひと》」とか「考《かんが》えが足《た》りなかった人《ひと》」がいる、と栄一《えいいち》さんは考《かんが》えたんだ。

たとえばわたしたちが、モノを壊《こわ》してしまったりとか、友《とも》だちをケガさせてしまったりしたとするよ。それで、いきなり牢屋《ろうや》に入《い》れられたら、ちょっとヒドイよね。ふつうは怒《おこ》られて、反省《はんせい》して、二度《にど》と同《おな》じことをしないようにして、おしまいでしょう。

大人《おとな》になっても、世《よ》の中《なか》で悪《わる》いことをしてしまうような人《ひと》にも、うまく教《おし》えてあげられる先生《せんせい》がいれば、さいごにいい人《ひと》に成長《せいちょう》できるかもしれない。だから、自分《じぶん》はそういう先生《せんせい》になりたい、と栄一《えいいち》さんは考《かんが》えたんだ。栄一《えいいち》さんのような人《ひと》が増《ふ》えれば、世《よ》の中《なか》とてもよくなるよね。

Q 僕《ぼく》らが人間《にんげん》に生《う》まれてきた意味《いみ》って？

せっかく人間《にんげん》に生《う》まれてきたのだから、人間《にんげん》にしかできないことをしよう

「万物《ばんぶつ》の霊長《れいちょう》たる能力《のうりょく》ある者《もの》についてのみ、初《はじ》めて人《ひと》たるの真価《しんか》あり」

世《よ》の中《なか》に貢献《こうけん》するために、
知恵《ちえ》を身《み》につけ、
りっぱな行《おこ》ないをしよう

たとえば、自分《じぶん》がアフリカのキリンに生《う》まれてきたと想像《そうぞう》してみよう。今《いま》ごろは野原《のはら》でライオンに追《お》いかけられているかもしれないね。

しかし、わたしたちは人間《にんげん》に生《う》まれてきた。せっかく人間《にんげん》に生《う》まれてきたのだから、人間《にんげん》にしかできないことをしたくはないかな。でも、人間《にんげん》にしかできないことって何《なん》だろう。栄一《えいいち》さんの考《かんが》えは、りっぱな行《おこ》ないや知恵《ちえ》を身《み》につけること。そして、世《よ》の中《なか》に貢献《こうけん》できることなんだ。

たとえば、「自分《じぶん》はお医者《いしゃ》さんになって、困《こま》っている人《ひと》を助《たす》けたい。そのためには、しっかり勉強《べんきょう》して、病《びょう》気《き》の人《ひと》から信頼《しんらい》される人《ひと》になる」というのは、確《たし》かに人間《にんげん》にしかできないことだよね。逆《ぎゃく》に、ご飯《はん》を食《た》べて、遊《あそ》んで、寝《ね》てのくりかえしでは、動物《どうぶつ》として生《う》まれてくるのと同《おな》じこと。人間《にんげん》として生《う》まれてきた意味《いみ》がなくなってしまうよね。

Q 困《こま》ったときに大切《たいせつ》なことって？

思《おも》いやりがとても重要《じゅうよう》なんだよ

「それ吾人《ごじん》の須臾《しゃゆ》も離《はな》るべからざる人道《じんどう》なるものは一《いち》に忠恕《ちゅうじょ》に存するものである」

**思《おも》いやりの気持《きも》ちで
助《たす》けあえば、ツラさも
半分《はんぶん》になるよね**

人間《にんげん》っていいときもあれば、悪《わる》いときもあるよね。たとえば、テストでいい点《てん》とって、お父《とう》さんに「ごほうび」にゲームを買《か》ってもらえた。これはいいときだよね。でも、調子《ちょうし》に乗《の》ってさわいでお母《かあ》さんの大事《だいじ》な花《か》びんをこわしてしまい、ゲームを取《と》り上《あ》げられた。これは悪《わる》いとき。

こんなふうにいろいろあるからこそ、思《おも》いやりってとても重要《じゅうよう》なんだ。たとえば、自分《じぶん》に兄弟《きょうだい》や姉妹《しまい》がいると考《かんが》えてみて。おたがいに相手《あいて》が困《こま》っているときに、ひどいことをいって相手《あいて》をきずつけていたら、どうだろう。ツラい気《き》持《も》ちがますますツラい気《き》持《も》ちになるだけになってしまうよね。

でも、おたがい思《おも》いやりをもって助《たす》けあったら、ツラい気《き》持《も》ちも半分《はんぶん》ずつになるんじゃないのかな。

誰《だれ》でもツラいとき、困《こま》っているときってやってくるもの。それを救《すく》ってくれるのが、おたがいの思《おも》いやりなんだ。

コラム3

『論語《ろんご》』ってどんな本《ほん》？

栄一《えいいち》さんが大好《だいす》きだった『論《ろん》語《ご》』ってどんな本《ほん》だったんだろう？　気《き》になるよね。

『論語《ろんご》』は、今《いま》からなんと2500年《ねん》も前《まえ》の中《ちゅう》国《ごく》にいた孔子《こうし》さまやその弟子《でし》たちのいったことや行《おこ》なったことを集《あつ》めて記録《きろく》した本《ほん》なんだ。

孔子《こうし》さまはみんなに、世《よ》のため人《ひと》のためになるような「志《こころざし》」をもつことの大切《たいせつ》さや、人《ひと》に信頼《しんらい》されるような行《おこ》ないをして「徳《とく》」をつむことの大切《たいせつ》さを説《と》いたんだ。

『論語《ろんご》』は、今《いま》でも、

「人《ひと》はどう生《い》きるべきか」

「どのようにふるまうのが人《ひと》としてかっこういいのか」

を学《まな》ぶための教科書《きょうかしょ》として、中《ちゅう》国《ごく》、韓国《かんこく》、日本《にほん》、ベトナムなど多《おお》くの国《くに》に多大《ただい》な影響《えいきょう》をあたえているんだよ。

栄一《えいいち》さんは、この『論語《ろんご》』の教《おし》えをとても大切《たいせつ》にしていた。

「道徳《どうとく》」と「お金《かね》もうけ」は一見《いっけん》かけはなれているようだけど、ひとりじめせずみんなのために仕事《しごと》をがんばってもうけたお金《かね》でこの社会《しゃかい》が豊《ゆた》かになっていくことが、正《ただ》しい姿《すがた》だと考《かんが》えていたんだね。

第《だい》3章《しょう》

勉《べん》強《きょう》はなぜしなくちゃいけないの？

目標《もくひょう》・勉強《べんきょう》編《へん》

Q 勉強《べんきょう》って退屈《たいくつ》じゃない？

「学《まな》び」って机《つくえ》の上《うえ》だけでやるとは限《かぎ》らないんだよ

「机上《きじょう》の読書《どくしょ》のみを学《がく》問《もん》だと思《おも》うのは甚《はなは》だ不可《ふか》のことである。要《よう》するに、事《こと》は平生《へいせい》にある」

普段《ふだん》の生活《せいかつ》の中《なか》での「学《まな》び」が、信用《しんよう》される人《ひと》になるための力《ちから》を育《はぐく》むよ
Eiichi Shibusawa

「学《まな》び」って聞《き》くと、机《つくえ》に教科書《きょうかしょ》とかドリルを広《ひろ》げてやるものだと思《おも》ってないかな。もちろん知識《ちしき》を身《み》につけるためには、机《つくえ》の上《うえ》で学《まな》ぶのが一番《いちばん》いいかもしれないね。

でも「学《まな》び」というのは、たんに知識《ちしき》を増《ふ》やすだけではないんだ。「友《とも》だちとの約束《やくそく》を守《まも》る」「困《こま》っている人《ひと》を助《たす》けられる」「順番《じゅんばん》をきちんと守《まも》れる」といったことができるようになるのも、本来《ほんらい》は「学《まな》び」の中《なか》に入《はい》るんだよ。

そして、こちらのほうの「学《まな》び」は、机《つくえ》の上《うえ》でやるというよりは、ご飯《はん》を食《た》べたり、友《とも》だちと遊《あそ》んだりといった普段《ふだん》の生活《せいかつ》の中《なか》から、身《み》につけていくものなんだ。

前《まえ》に、大人《おとな》になって、お金《かね》をもうけるために必要《ひつよう》なのは「信用《しんよう》できる人《ひと》」になることだ、という話《はなし》があったよね。こちらの学《まな》びから育《はぐく》まれるのは、まさしく「信用《しんよう》される人《ひと》」になるための力《ちから》なんだ。

Q 志《こころざし》の決《き》め方《かた》って？

得意《とくい》なことから自分《じぶん》の志《こころざし》を決《き》めよう

「立志《りっし》の要《かなめ》はよくおのれを知《し》り、身《み》のほどを考《かんが》え、それに応《おう》じて適当《てきとう》なる方針《ほうしん》を決《けっ》定《てい》する以外《いがい》にないのである」

Eiichi Shibusawa
得意《とくい》なことと
つながっている目標《もくひょう》なら、
近《ちか》づきやすいんだ

みんなは、志《こころざし》をもっているかな。

志《こころざし》とは、人生《じんせい》の目標《もくひょう》のこと。たとえば、サッカー選手《せんしゅ》になりたい、お医者《いしゃ》さんになりたい、パン屋《や》さんになりたい、花《はな》屋《や》さんになりたいというのは、どれもりっぱな志《こころざし》なんだ。

でも、ひとつ気《き》をつけたいのは、その志《こころざし》が、みなさんが得《とく》意《い》なことと、きちんとつながっているか、ということ。

自分《じぶん》があまり得意《とくい》でないことを目標《もくひょう》にしても、なかなか目標《もくひょう》には近《ちか》づけないんだ。

もちろん、何《なに》が得意《とくい》なのかは、やってみないとわからないよね。サッカーが得意《とくい》かどうかは、実際《じっさい》にやってみないとわからない。だから、ぜひみんなには、いろいろなことを、しり込《ご》みせずに試《ため》してみてほしい。その中《なか》から、「これは人《ひと》よりもうまくできる」というものが必《かなら》ず見《み》つかるはず。それが、みんなの志《こころざし》のもとになるんだ。

Q ものごとを成功《せいこう》させるコツって？

頭《あたま》でっかちにも、考《かんが》え足《た》らずにもならない

「決《けっ》して奇矯《ききょう》に趨《はし》らず、中庸《ちゅうよう》を失《しっ》せず、常《つね》に穏健《おんけん》なる志操《しそう》を保持《ほじ》して進《すす》まれん」

二《ふた》つのちょうど
まん中《なか》を進《すす》むことが、
成功《せいこう》のコツだよ
Eiichi Shibusawa

机《つくえ》の上《うえ》だけでやるような「学《まな》び」ばかりやっていると、頭《あたま》でっかちになってしまうことがあるんだ。

現代《げんだい》でも、他《ほか》の人《ひと》のいったことや、やったことに対《たい》して、「ああすべきだった」「こうすべきだった」「こちらは10点《てん》」「こちらは星《ほし》ふたつ」と文句《もんく》ばかりいったり、評価《ひょうか》ばかりしている人《ひと》がいるよね。

では、そういう人《ひと》が、自分《じぶん》でも同《おな》じようなことができるのか、といえば、実《じつ》はほとんどできない。これが頭《あたま》でっかちなんだ。

でも逆《ぎゃく》に、あまり考《かんが》えたりしないまま行動《こうどう》して、失敗《しっぱい》してしまう人《ひと》もいるよね。こちらは、考《かんが》え足《た》らずというんだ。

頭《あたま》でっかちにならず、考《かんが》え足《た》らずにもならず、そのまん中《なか》くらいをうまく進《すす》むことが、ものごとを成功《せいこう》させるコツなんだ。

Q 大人《おとな》になって活躍《かつやく》するためにどんな力《ちから》が必要《ひつよう》？

頭《あたま》と心《こころ》と体《からだ》、三《みっ》つとも磨《みが》こう

「けだし修養《しゅうよう》ということは広《ひろ》い意味《いみ》であって、精神《せいしん》も智識《ちしき》も身《しん》体《たい》も行状《ぎょうじょう》も向上《こうじょう》するように練磨《れんま》すること」

三《みっ》つの力《ちから》を備《そな》えている人《ひと》が、活躍《かつやく》できる大人《おとな》なんだよ

いい高校《こうこう》や、いい大学《だいがく》に入《はい》るためには、ふつうは入学《にゅうがく》テストがあるよね。だから、学生《がくせい》のときというのは、知識《ちしき》を身《み》につける勉強《べんきょう》にどうしても注目《ちゅうもく》しがちだよね。

でも、大人《おとな》になって活躍《かつやく》している人《ひと》って、知識《ちしき》以外《いがい》の要素《ようそ》が必《かなら》ず備《そな》わっているんだ。たとえば、とても重要《じゅうよう》なのが、他《ほか》の人《ひと》とすぐに仲《なか》よくなれる力《ちから》。仕事《しごと》は、人《ひと》と協力《きょうりょく》しながらやることが多《おお》いから、こういう力《ちから》が必要《ひつよう》になってくるんだ。

それから、たくさん働《はたら》いても大丈夫《だいじょうぶ》な体力《たいりょく》も重要《じゅうよう》なんだ。すぐに疲《つか》れてしまっては、仕事《しごと》にならないよね。

つまり、大人《おとな》になると、頭《あたま》の力《ちから》、心《こころ》の力《ちから》、体《からだ》の力《ちから》、三《みっ》つがきちんとそろっていないと、活躍《かつやく》できなくなるんだ。

そして、このさいごの体力《たいりょく》というのは、運動《うんどう》が得意《とくい》である必要《ひつよう》は、特《とく》にないんだよ。コツコツ毎日《まいにち》ランニングするとか、そういうことで身《み》につくものなんだ。

Q 一番《いちばん》にならないと意味《いみ》がないの？

みんな一番《いちばん》になれるわけではないんだよ

「学問《がくもん》すれば誰《だれ》でも皆《みな》偉《えら》い者《もの》になれる、という一種《いっしゅ》の迷信《めいしん》のために、自己《じこ》の境遇《きょうぐう》生《せい》活状態《かつじょうたい》をも顧《かえり》みないで、分不相応《ぶんふそうおう》の学問《がくもん》をする結果《けっか》、後悔《こうかい》するがごときことがあるのである」

人《ひと》のいうことだけを信《しん》じて、
自分《じぶん》に向《む》いていない
ことをすると
後悔《こうかい》するかも

勉強《べんきょう》をすることは、とてもいいことなんだけど、ひとつコワイことがあるんだ。それは、他《ほか》の人《ひと》がやっているから、自《じ》分《ぶん》もやるんだ、と考《かんが》えてしまうこと。たとえば、「みんなが一番《いちばん》いい大学《だいがく》をめざしているから、自分《じぶん》も」と思《おも》ってしまうと、自分《じぶん》がもし勉強《べんきょう》が得意《とくい》でなかったら、大変《たいへん》なことになってしまうよね。いい大学《だいがく》をめざして、いい会社《かいしゃ》に入《はい》るというのは悪《わる》いことではないんだけど、全員《ぜんいん》がそれに向《む》いているわけではないんだ。しかも競争《きょうそう》だから、向《む》いていなければ、当然《とうぜん》、自分《じぶん》は上《うえ》にいけない。

これはスポーツでも同《おな》じこと。今《いま》サッカーがはやっているし、選手《せんしゅ》も注目《ちゅうもく》されてかっこういいからと、サッカーをはじめたとしよう。でも向《む》いていなくて、本当《ほんとう》はゴルフをやっていたら世界一《せかいいち》になれたとしたら、ちょっと悲《かな》しいよね。評判《ひょうばん》ではなく、何《なに》が自分《じぶん》に向《む》いているかをよく考《かんが》えよう。

Q がんばっても結果《けっか》が出《で》ないと意味《いみ》がないの？

成功《せいこう》したとか、失敗《しっぱい》したとかの結果《けっか》には意味《いみ》がないんだよ

「成功《せいこう》や失敗《しっぱい》のごときは、ただ丹精《たんせい》した人の身《み》に残《のこ》る糟粕《そうはく》のようなものである」

結果《けっか》だけでなく、その過程《かてい》でのことがとっても大切《たいせつ》なんだ

人間《にんげん》って、自分《じぶん》では変《か》えられないことが、いくつもあるよね。病気《びょうき》になってしまうとか、いつ死《し》んでしまうのかわからないというのは、そのいい例《れい》だ。他《ほか》にも、自分《じぶん》のいた会社《かいしゃ》がつぶれてしまったとか、大《おお》きな災害《さいがい》にあったというのも、同《おな》じこと。だから人生《じんせい》には、どんなにがんばっても、ダメだったということが、おこったりするんだ。

でも、そんな中《なか》にあっても、「自分《じぶん》はどんなときでも努力《どりょく》をしてきた」「他《ほか》の人《ひと》に思《おも》いやりをもっていた」「困《こま》った人《ひと》を助《たす》けてきた」といったことは、自分自身《じぶんじしん》の力《ちから》でいつでもできることだよね。

人生《じんせい》を山登《やまのぼ》りだとすると、どこまで高《たか》く登《のぼ》ったかが問題《もんだい》ではなく、どれくらいかっこうよく登《のぼ》れたのかが重要《じゅうよう》だと、栄《えい》一《いち》さんは考《かんが》えていたんだ。なぜなら、それこそが自分《じぶん》の力《ちから》で確実《かくじつ》にできること、変《か》えられることだから。

コラム4

世界《せかい》でも評価《ひょうか》された栄一《えいいち》さん

栄一《えいいち》さんのすごさは、日本《にほん》だけでなく、海外《かいがい》でも評価《ひょうか》されているんだ。

たとえば、「経営《けいえい》の神様《かみさま》」と呼《よ》ばれて世界的《せかいてき》に有名《ゆうめい》なピーター・ドラッカーさんは、世界中《せかいじゅう》で大《だい》ベストセラーになった『マネジメント』という本《ほん》の序文《じょぶん》で、栄一《えいいち》さんのことをこう書《か》いたんだ。

「私《わたし》は、経営《けいえい》の『社会的責任《しゃかいてきせきにん》』について論《ろん》じた歴史的人物《れきしてきじんぶつ》の中《なか》で、かの偉大《いだい》な人物《じんぶつ》の一人《ひとり》である渋沢《しぶさわ》栄一《えいいち》の右《みぎ》に出《で》るものを知《し》らない。彼《かれ》は世界《せかい》のだれよりも早《はや》く、経営《けいえい》の本質《ほんしつ》は“責任《せきにん》”にほかならないということを見抜《みぬ》いていた」(『マネジメント［上《じょう》］課題《かだい》、責任《せきにん》、実践《じっせん》』(P．F．ドラッカー：著《ちょ》　上田《うえだ》惇生《あつお》：訳《やく》　ダイヤモンド社刊《しゃかん》)。

ちょっとむずかしいけど、ドラッカーさんが、栄一《えいいち》さんをいかに尊敬《そんけい》していたかがわかるよね。

栄一《えいいち》さんは、ノーベル平和賞《へいわしょう》の候補《こうほ》にもなった人《ひと》。世界《せかい》から熱《あつ》い視線《しせん》を集《あつ》めていたんだね。

そういえば、大《だい》リーグで活躍《かつやく》している大谷翔平選手《おおたにしょうへいせんしゅ》も、栗山英樹《くりやまひでき》監督《かんとく》からすすめられて『論語《ろんご》と算盤《そろばん》』を読んでいたそうだよ。

第《だい》4章《しょう》

つらいときにはどこに気《き》をつけたらいいの？

運《うん》・逆境《ぎゃっきょう》編《へん》

Q 解決《かいけつ》できない問題《もんだい》があるんだけど…

気《き》長《なが》に待《ま》ってみることも必要《ひつよう》だよ

「時期《じき》の到来《とうらい》を待《ま》つということも、処世《しょせい》の上《うえ》には必要《ひつよう》欠《か》くべからざるものである」

うまくいかないときこそ、いつもどおりの努力《どりょく》をしよう

何《なに》か困《こま》ったことがおきたとき、それを解決《かいけつ》しようとするのは、とても重要《じゅうよう》なこと。でも、いくらがんばっても解決《かいけつ》できないこともあるよね。たとえば、一所懸命《いっしょけんめい》に勉強《べんきょう》しているはずなのに、なかなか成績《せいせき》が上《あ》がらない。このときに、すぐに成績《せいせき》の上《あ》がらない理由《りゆう》を探《さが》してみたり、いっそいっている塾《じゅく》を変《か》えてみたりするのは、重要《じゅうよう》なことだ。

でも、それでも成績《せいせき》が上《あ》がらなければ、こう考《かんが》えたほうがいいかもしれない。長《なが》い間《あいだ》には、どうせ成績《せいせき》は上《あ》がったり下《さ》がったりするものなので、今《いま》までと同《おな》じペースでコツコツ勉強《べんきょう》を続《つづ》けていくんだ。そうすると、案《あん》外《がい》、成績《せいせき》はまたもとにもどったりすることがある。

どんなときでも、待《ま》っていれば、それでよくなるとはもちろん限《かぎ》らないよ。でも、じたばた動《うご》きすぎて疲《つか》れてしまったときなど、気《き》長《なが》に待《ま》ってみるのもひとつの手《て》なんだ。

Q 調子《ちょうし》に乗《の》って失敗《しっぱい》しちゃった…

いいときは反省《はんせい》しよう、悪《わる》いときは次《つぎ》のいいときを待《ま》とう

「得意時代《とくいじだい》だからとて気《き》を緩《ゆる》さず、失意《しつい》の時《とき》だからとて落胆《らくたん》せず、常操《じょうそう》をもって道《どう》理《り》を踏《ふ》み通《とお》すように心掛《こころが》けて出《で》ることが肝要《かんよう》である」

いいときも
悪《わる》いときも、
ずっとは続《つづ》かないんだよ

誰《だれ》しも、調子《ちょうし》に乗《の》ってしまうことがあるよね。特《とく》に、いいことが重《かさ》なると、そうなるよね。逆《ぎゃく》に、おちこんでしまうこともあるよね。悪《わる》いことばかりのときがそうだね。

でも、ちょっと思《おも》い出《だ》してみよう。いいときが、ずっと終《お》わらずに続《つづ》いたことはないんじゃないかな。逆《ぎゃく》に、悪《わる》いときが終《お》わらなかったことも、なかったはずだ。面白《おもしろ》いことに、この二《ふた》つは行《い》ったり来《き》たりするものなんだ。

しかも、いいときに調子《ちょうし》に乗《の》るからこそ、悪《わる》いときの原因《げんいん》を作《つく》ってしまったりする。逆《ぎゃく》に、悪《わる》いときに自《じ》分《ぶん》を反省《はんせい》するからこそ、いいときが来《き》たりもする。だからこそ、へんに喜《よろこ》びすぎたりおちこみすぎたりしないほうがいいんだ。いいときには逆《ぎゃく》に「悪《わる》いときの原因《げんいん》を作《つく》っていないか」と気《き》を引《ひ》きしめ、悪《わる》いときには「次《つぎ》はきっといいときがくる」と思《おも》って、過《す》ごすのが大切《たいせつ》なんだ。

Q チャンスがめぐってこない…

誰《だれ》もごちそうを口《くち》まで入《い》れてはくれない

「何《なに》か一《ひ》と仕事《しごと》しようとする者《もの》は自分《じぶん》で箸《はし》を取《と》らなければ駄目《だめ》である」

やってみたいことには、
自分《じぶん》からすすんで
飛《と》び込《こ》んでいこう

みんなの前《まえ》に、大変《たいへん》なごちそうがあったとするよ。おすしでも、ステーキでも、みなさんの一番好《いちばんす》きな食《た》べ物《もの》だ。

でも、みなさんは口《くち》をあけて、誰《だれ》かがそのごちそうを口《くち》の中《なか》にまで入《い》れてくれるのを待《ま》っていたとするよ。それで、ごちそうは食《た》べられるかな。残念《ざんねん》ながらそんな親切《しんせつ》な人《ひと》はいないよね。ごちそうを食《た》べたければ、自分《じぶん》でお箸《はし》やフォークを使《つか》って、口《くち》の中《なか》に入《い》れるしかないんだ。

ここでいう、ごちそうは、たとえば大人《おとな》になったときの、楽《たの》しいやりがいのある仕事《しごと》のこと。「自分《じぶん》がなりたい職業《しょくぎょう》」「やってみたい仕事《しごと》」というのは、待《ま》っていても向《む》こうから飛《と》び込《こ》んで来《き》てくれないんだ。自分《じぶん》から、ごちそうを食《た》べるときのように、箸《はし》をもって取《と》りにいかなければ、食《た》べられない。それができなければ、ごちそうを他《ほか》の人《ひと》に食《た》べられても文句《もんく》はいえないんだ。

Q
誰《だれ》からも嫌《きら》われたくない…

丸《まる》いだけの人《ひと》になってはいけない

「人間《にんげん》にはいかに円《まる》くとも、どこかに角《かど》がなければならぬ」

いざというときには、積極的《せっきょくてき》に争《あらそ》うことも必要《ひつよう》だよ

思《おも》いやりの気持《きも》ちをもったり、人《ひと》にやさしくしたり、みんなと仲《なか》よくするということは、大勢《おおぜい》の人《ひと》と一緒《いっしょ》に過《す》ごすときには、とても重要《じゅうよう》なことなんだ。

逆《ぎゃく》に、すぐに人《ひと》と争《あらそ》ったり、ケンカしたりすることは、なるべくしないのがいいよね。

でも、だからといって、こんなときはどうだろう。

同《おな》じクラスの悪《わる》い奴《やつ》が、自分《じぶん》のお気《き》に入りの消《け》しゴムを、「これいいな」といって、勝手《かって》にもっていこうとした。こういうときも、なるべく争《あらそ》わないほうがいいから、そのままもっていかせたほうがいいんだろうか。

絶対《ぜったい》にそんなことはない、と栄一《えいいち》さんはいう。人《ひと》と争《あらそ》わないことはとても大切《たいせつ》なことだけど、世《よ》の中《なか》には争《あらそ》わなければならないときがある。そんなときは、積極的《せっきょくてき》に争《あらそ》わないといけないよ、というんだ。

Q 新《あたら》しいことをはじめるのが不安《ふあん》…

新《あたら》しいことの不安《ふあん》ばかり見《み》てはいけないよ

「余《あま》りに大事《だいじ》を考《かんが》えて因循姑息《いんじゅんこそく》となりいわゆる固《かた》くもなり、惰《だ》弱《じゃく》に流《なが》るるごときことともなる結果《けっか》、進《しん》歩《ぽ》発展《はってん》を阻害《そがい》する」

いつもと違《ちが》うことにチャレンジして、自分《じぶん》を鍛《きた》えよう！

人間《にんげん》は、いつもと同《おな》じことをしているときが一番楽《いちばんらく》だね。考《かんが》えなくてもできるから。

でも、いつもと違《ちが》うことをしようとすると、まったく知《し》らないことや、考《かんが》えてはいけないことが多《おお》くなるから大変《たいへん》になるよね。そうすると、どうしても新《あたら》しいことの不安《ふあん》ばかり見《み》てしまうようになるんだ。

たとえば、夏休《なつやす》みにおじさんの家《いえ》にひとりで来《こ》ないか、というお誘《さそ》いがあったとするよ。ちょっと楽《たの》しそうだけど、「知《し》らない人《ひと》ばかりだし」「違《ちが》う家《いえ》で暮《く》らすの大変《たいへん》そうだし」と、どうしても不安《ふあん》なところばかりに目《め》がいって、しり込《こ》みしがちになってしまったりする。こうなると、楽《らく》な自分《じぶん》の家《いえ》にいたほうがいいや、となってしまいがちなんだ。でも、人《ひと》が鍛《きた》えられて成長《せいちょう》するためには、こういう不安《ふあん》をのりこえて、チャレンジしたほうが絶対《ぜったい》にいいんだ。

Q 積極的《せっきょくてき》な友《とも》だちがうらやましい…

自分《じぶん》で自分《じぶん》のことができる人《ひと》にならないと、チャレンジできないよ

「溌剌《はつらつ》たる進取《しんしゅ》の気力《きりょく》を養《やしな》いかつ発揮《はっき》するには、真《しん》に独立独歩《どくりつどっぽ》の人《ひと》とならねばならぬ」

自分《じぶん》で自分《じぶん》のことができる力《ちから》をもっていると、自信《じしん》がわいてくるよ

どんなことでも積極的《せっきょくてき》に行動《こうどう》できる人《ひと》っているよね。すぐに友《とも》だちを作《つく》れたり、新《あたら》しいことにチャレンジしたり、ひとりで知《し》らない人《ひと》の集《あつ》まりに参加《さんか》してみたり。

こういう人《ひと》になるためには、まず自分《じぶん》で自分《じぶん》のことができるようにならないといけない、と栄一《えいいち》さんはいうんだ。

なぜなら、人《ひと》に頼《たよ》ってばかりの人《ひと》は、頼《たよ》れる人《ひと》が近《ちか》くにいなくなると不安《ふあん》になるから、頼《たよ》れる人《ひと》がいる場所《ばしょ》から出《で》ていきたくなくなってしまうんだ。

確《たし》かに、いつもお母《かあ》さんやお父《とう》さんに頼《たよ》りっきりで、自分《じぶん》のことが全然《ぜんぜん》できないと、家《いえ》の外《そと》に出《で》ていきにくくなってしまうよね。しかも、人《ひと》に頼《たよ》れる範囲《はんい》のことしかやらないので、なかなか自分《じぶん》を鍛《きた》えることができなくなってしまう。実力《じつりょく》がないから自信《じしん》がもてず、ますます外《そと》に出《で》ていけなくなってしまうんだ。

コラム5

読《よ》んでみよう!

おぼえてみよう!

「論《ろん》語《ご》と算《そろ》盤《ばん》」

栄一《えいいち》さんの言葉《ことば》を音読《おんどく》したり、暗記《あんき》したりしてみよう! きっと理解《りかい》が深《ふか》まるよ。

「得意時代だからとて気を緩さず、
失意の時だからとて落胆せず、
常操をもって道理を踏み通すように
心掛けて出ることが肝要である」

56ページへ!

おぼえた!

読めた!

読《よ》んだらチェックしよう。好《す》きなシールを貼《は》るのもいいね!

「人間にはいかに円くとも、
どこかに角がなければならぬ」

60ページへ!

おぼえた!　読めた!

「高尚なる人格をもって正義正道を行い、
しかる後に得たところの富、
地位でなければ、
完全な成功とはいわれないのである」

20ページへ!

おぼえた!　読めた!

「机上の読書のみを
学問だと思うのは
甚だ不可のことである。
要するに、事は平生にある」

40ページへ！

おぼえた！

読めた！

「成功や失敗のごときは、
ただ丹精した人の身に残る
糟粕のようなものである」

50ページへ！

おぼえた！

読めた！

おわりに

今《いま》も昔《むかし》も、幸《しあわ》せになりたかったら、お金《かね》を稼《かせ》ぐことはとても大事《だいじ》なことです。でも同時《どうじ》に、最近《さいきん》はこんなことがいわれるようになってきました。

「これからは、お金《かね》よりも信用《しんよう》のほうが大切《たいせつ》」

現代《げんだい》は、ネットやSNSの発達《はったつ》によって、見知《みし》らぬ人《ひと》とすぐに連《れん》絡《らく》が取《と》りあえたり、他人《たにん》の意見《いけん》や考《かんが》えを広《ひろ》く知《し》ることができます。そうなると、たとえば人望《じんぼう》のある人《ひと》や、人気《にんき》のある人《ひと》には何万《なんまん》ものフォロワーがつきます。それを活《い》かせば、お金《かね》は、後《あと》からついてくるようになるわけです。

渋沢栄一《しぶさわえいいち》さんは、明治時代《めいじじだい》から、これとまったく同《おな》じ「お金《かね》と信《しん》用《よう》」や「お金《かね》と人柄《ひとがら》」の問題《もんだい》について、深《ふか》い思索《しさく》をめぐらせてきた偉人《いじん》でした。

まず、お金《かね》というのは人《ひと》が幸《しあわ》せになるためには最低限《さいていげん》欠《か》かせないもの。だからこそ「そろばん」、つまりお金《かね》を稼《かせ》ぐための算段《さんだん》や、計算《けいさん》が必要《ひつよう》になってきます。

　でも、たくさんお金《かね》をもっていたからといって、必《かなら》ず幸《しあわ》せになれたり、人《ひと》から尊敬《そんけい》される人生《じんせい》を送《おく》れるとは限《かぎ》りません。下手《へた》にお金《かね》がたくさんあったばかりに、他人《たにん》が信用《しんよう》できなくなって友《とも》だちを失《うしな》ったり、家族《かぞく》がバラバラになってしまった例《れい》は少《すく》なくないのです。

　こうならないために必要《ひつよう》なのが『論語《ろんご》』の教《おし》え。つまり人《ひと》から信《しん》用《よう》され、尊敬《そんけい》され、幸《しあわ》せな人生《じんせい》を送《おく》るための考《かんが》え方《かた》を学《まな》ぶことが必《ひつ》要《よう》になってきます。この「お金《かね》」と「信用《しんよう》や道徳《どうとく》」という二《ふた》つのバランスのとり方《かた》が、『論語《ろんご》と算盤《そろばん》』という本《ほん》にはつまっているのです。

　実《じつ》は、こうした彼《かれ》の考《かんが》え方《かた》は、いま海外《かいがい》でも注目《ちゅうもく》を浴《あ》びています。たとえば、中国《ちゅうごく》では、『論語《ろんご》と算盤《そろばん》』の翻訳《ほんやく》が、なんと9種類《しゅるい》も出版《しゅっぱん》されています。それくらい人気《にんき》なのです。

　また、欧米《おうべい》でも有名《ゆうめい》な学者《がくしゃ》さんたちが、渋沢栄一《しぶさわえいいち》に関《かん》する論文《ろんぶん》を発表《はっぴょう》しています。

さらに、大《だい》リーグで大活躍《だいかつやく》をしている大谷翔平選手《おおたにしょうへいせんしゅ》が、『論語《ろんご》と
算盤《そろばん》』を愛読《あいどく》しているのはご存《ぞん》じでしょうか。アメリカにまでこの
本《ほん》をもっていって学《まな》んでいるのです。

大谷選手《おおたにせんしゅ》にとって、チームの勝利《しょうり》に貢献《こうけん》することが「論語《ろんご》」、自《じ》
分自身《ぶんじしん》が活躍《かつやく》することが「そろばん」にそれぞれ当《あ》たるそうです。

そんな大人気《だいにんき》の古典《こてん》のエッセンスを集《あつ》めた本書《ほんしょ》が、みなさんのお
役《やく》に少《すこ》しでも立《た》てたなら、監訳者《かんやくしゃ》としてこれほどの喜《よろこ》びはありませ
ん。

守屋《もりや》 淳《あつし》

参考文献
『論語と算盤』渋沢栄一（国書刊行会）
『現代語訳　論語と算盤』渋沢栄一著、守屋淳訳（ちくま新書）

お金《かね》と生《い》き方《かた》の大切《たいせつ》なことがわかる!

こども論語《ろんご》と算盤《そろばん》

平成30年8月10日　初版第1刷発行
令和2年6月10日　第4刷発行

監訳　守屋淳《もりやあつし》

発行者　辻浩明
発行所　祥伝社
〒101-8701　東京都千代田区神田神保町3-3
03(3265)2081(販売部)
03(3265)1084(編集部)
03(3265)3622(業務部)

装丁　森田直／積田野麦（FROG KING STUDIO）
イラスト　宮野耕治
DTP　キャップス

印刷　堀内印刷
製本　積信堂

ISBN　978-4-396-61657-1
Printed in Japan
祥伝社のホームページ　www.shodensha.co.jp